Katja Reider, geboren 1960 in Goslar, arbeitete als Pressesprecherin des Wettbewerbs *Jugend forscht* – bis sie 1994 zu schreiben begann. In rascher Folge entstanden zahlreiche Kinder- und Jugendbücher, die in viele Sprachen übersetzt wurden. Katja Reider lebt mit ihrem Mann und ihren beiden Kindern in Hamburg.

Ines Rarisch, Jahrgang 1964, hat in Düsseldorf Grafik-Design studiert. Seit 1999 ist sie als freiberufliche Illustratorin tätig und hat bereits zahlreiche Kinderbücher illustriert.

Katja Reider

Komm nach Hause, kleines Kätzchen

Illustrationen von Ines Rarisch

Bibliografische Information Der Deutschen Bibliothek
Die Deutsche Bibliothek verzeichnet diese Publikation
in der Deutschen Nationalbibliografie;
detaillierte bibliografische Daten sind im Internet
über *http://dnb.ddb.de* abrufbar.

ISBN 3-7855-4909-1 – 1. Auflage 2004
© 2004 Loewe Verlag GmbH, Bindlach
Umschlagillustration: Ines Rarisch
Reihenlogo: Angelika Stubner
Gesamtherstellung: L.E.G.O. S.p.A., Vicenza
Printed in Italy

www.loewe-verlag.de

Inhalt

Wölkchen reißt aus

Wölkchen ist eine kleine 🐱.

Ihr graues 🐾 ist sehr weich,

und ihre 👁 👁 leuchten so grün wie

eine 🌿 in der ☀. Wölkchen

wohnt mit Klara in einem 🏠

am 🌲. Klara ist das netteste

kleine 🧒 der 🌍, findet Wölkchen.

Klara versteht nämlich alles.

Wenn die kleine spielen will,

reibt sie einfach ihren

an Klaras und maunzt leise.

Das heißt: „Wirf einen für mich!"

„Streichele mein , Klara!"

„Lass mich eine zerreißen!"

Bisher waren das kleine und

die kleine  immer unzertrennlich.

Aber seit kurzem ist alles anders.

Denn Klara geht jetzt zur .

Deshalb ist die kleine

morgens oft allein. Traurig sitzt

Wölkchen am  und wartet

auf den , der Klara zurück

zu dem  am  bringt.

Heute ist die kleine  ganz

besonders ungeduldig. Ah, da

kommt Klara ja endlich! Wölkchen

reibt ihren an Klaras

und maunzt: „Lass uns spielen!"

Aber Klara schüttelt den .

Sie setzt sich an de,

schlägt ihre auf und

beginnt zu schreiben. Na, so was!

Die kleine faucht wütend.

Sie springt auf den  und

zieht ihre scharfen quer

über Klaras ! Jetzt ist auch

Klara wütend: „Ab in dein !",

schimpft sie. „So eine freche

will ich hier nicht haben!"

Wölkchens peitscht hin und her.

So hat das kleine ja noch nie

mit ihr gesprochen! Wütend stößt

die kleine mit ihren

das auf, springt hinaus, jagt

über die und rennt zum .

Wölkchen im Wald

Die kleine läuft und läuft.

Es geht viele hinauf und

hinunter, quer durch den .

Endlich bleibt Wölkchen stehen.

Sie spitzt die und lauscht.

Eine summt um ihren ,

und ein zwitschert.

Plötzlich knackt ein .

Die kleine  erschrickt.

Hier im  klingt alles fremd.

Und die  sind so hoch,

dass die  kaum zu sehen ist.

Da knackt wieder ein ! Und hat

sich der dort eben bewegt?

Wer lauert dort? Die kleine

schleicht vorsichtig näher.

Ob sie sich verteidigen muss?

Schon hebt Wölkchen die

mit den scharfen . Da springt

plötzlich ein schwarzer

wie ein aus dem .

Seine funkeln. „Warum zeigst

du mir deine , kleine ?"

Auch Wölkchens   blitzen.

„Und du, schwarzer ?", fragt

sie. „Warum lauerst du da hinter

dem ?" Der  streicht über

seine . „Ich jage", erklärt er.

„Mein ist leer wie ein !"

„Oh, mein auch", seufzt

die kleine . „Wo steht denn

dein ?" – „Hier im gibt

es doch keinen  !", schnurrt

der . „Hier gibt es  !"

Die kleine  schüttelt sich.

„Ich fresse aber keine !

Hast du nichts anderes?" Der

verdreht die ☉ ☉. „Sicher fragst

du mich gleich nach warmer und

einem weichen , stimmt's?"

Die kleine  nickt eifrig. „Hast

du denn ein  ?" Der

schüttelt den . „Natürlich nicht,

du verwöhnte  ! Ich bin ein

starker , der frei im  lebt!"

„Oh, ich lebe jetzt auch im ",

erklärt Wölkchen. „Das ist nichts

für dich, kleine !", sagt

der . „Weißt du, früher habe

ich auch in einem gewohnt.

Bei einer alten . Aber als sie zu

alt war, um meinen zu füllen,

musste ich sie und ihr

verlassen. Seitdem lebe ich hier

im . Und solange die

scheint, geht es mir auch gut.

Aber wenn erst der 〔❄〕 kommt,

wärmt mich mein 〔🔥〕 bestimmt

nicht mehr genug. Und 〔🐭🐭〕 lassen

sich dann auch nicht mehr blicken."

Der schwarze 〔🐈‍⬛〕 seufzt.

„Geh also besser zurück

in dein , kleine , zurück

zu deinem , deiner und

deinem warmen !" Wölkchen

nickt kleinlaut und bittet: „Zeigst

du mir den aus dem ,

schwarzer ?"

Ein Körbchen für zwei

Wölkchen folgt dem großen

quer durch den . Es geht

viele hinauf und viele

hinunter. Plötzlich bleibt die

kleine stehen und hebt eine .

„Schau, dahinten ist unser !",

ruft sie aufgeregt.

„Und das kleine  dort auf

der  ist meine süße Klara.

Sicher hat sie mich schon überall

gesucht!" – „Leb wohl, kleine ",

sagt der schwarze . „Jetzt

findest du den  ja allein!"

„Halt!", ruft die kleine .

„Du kommst natürlich mit!

Unser ist gemütlich, mein

immer gefüllt, und in mein

passen wir beide. Und meine Klara

ist das netteste der .

Sie wird verstehen, dass ich nicht

mehr allein am  sitzen will,

wenn sie in der  ist

oder über ihren  hockt."

Nachdenklich putzt der große

seine [Schnurrhaare]. „Habt ihr denn

auch [Mäuse] in eurem [Haus]?",

fragt er. „Ich habe mich so

daran gewöhnt, [Mäuse] zu jagen,

weißt du?" Wölkchen nickt eifrig.

Sie muss dem schwarzen  ja nicht unbedingt erzählen, dass

die in dem am

rosa und grün sind. Und dass

diese lustig quietschen, wenn

die kleine mit ihnen spielt ...

Die Wörter zu den Bildern:

 Katze

 Welt

 Fell

 Kopf

 Augen

 Bein

 Wiese

 Ball

 Sonne

 Zeitung

 Haus

 Schule

 Wald

 Fenster

 Mädchen

 Bus

Tisch

 Vogel

Schulhefte

 Ast

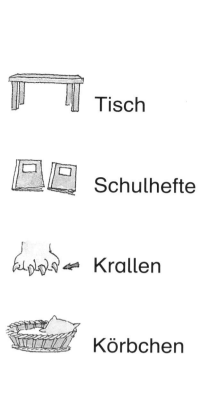 Krallen

 Bäume

Körbchen

 Busch

 Schwanz

 Kater

Pfoten

 Blitz

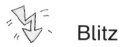 Hügel

 Barthaare

 Ohren

 Bauch

 Biene

 Eimer

Fressnapf    Schnee

 Mäuse   Weg

 Milch   Spielzeugmäuse

 Frau

Das kleine Burggespenst
in der Schule

Claudia Ondracek · Christian Zimmer

Das kleine Burggespenst
beim Ritterfest

Claudia Ondracek · Christian Zimmer

Viel Wirbel
auf dem Bauernhof

Annelies Schwarz · Sven Leberer

Drei kleine Freunde
reißen aus

Julia Boehme · Johanna Ignjatović

Bei der Feuerwehr
ist was los!

Ulrich Heiß · Christian Zimmer

Abenteuer
mit dem Wunderpony

Julia Boehme · Ines Rarisch

Robby und
die Detektive

Julia Boehme · Johanna Ignjatović

Vier Detektive
suchen den Dackeldieb

Julia Boehme · Johanna Ignjatović

Mit Zaubern
macht die Schule Spaß

Christina Koenig · Dorothea Tust

Zaubern
mit der Zahlenfee

Julia Boehme · Angelika Stubner

Loewe